カタカナで読める！
接客英語

語研編集部［編］

語研

JN040964

はじめに

　年間訪日外客数が 1,000 万人の大台を超えた 2013 年以降，我が国のインバウンドは拡大の一途をたどってきました。インバウンド需要の高まりとともに，「日本語を理解できない外国人観光客に対して，どのようにおもてなしするか」に注目が集まった結果，多言語対応の重要性が唱えられるようになりました。旅先で言葉が通じるかどうか，トラブルの際に対応できるかどうか，といった外国人観光客の不安を取り払い，「また日本に来たい」と思ってもらえるようなおもてなしを提供するためにも，言語の壁をできる限り低くすることが求められたのです。なかでも，英語と中国語の優先度は高く，さまざまな店舗やサービスでこれらの言語への対応が進められてきました。世界共通語である英語は，ネイティブスピーカーよりもノンネイティブスピーカーのほうが多いという特徴があります。接客や観光の場において，複数言語に対応できるようにすることは簡単ではありませんが，英語でコミュニケーションを取れる環境さえ準備できれば，ある程度の外国人観光客を応対することが可能になるのです。

　本書では，接客業に従事される方がよく使う表現について，簡単で自然なフレーズで紹介しています。また，英語でのコミュニケーションが不慣れな方に向けて，ネイティブの発音に近づけたカタカナルビを付けました。さらに，各フレーズに対応している QR コードを読み込めば，すぐに音声を聞くことができます。英語で話すことが難しい場合，QR コードを読み込んで，音声を直接聞いてもらう，といった使い方も可能です。

　食事や治安，清潔さといった面で高い評価を受けている日本は，新型コロナウイルス終息後に旅行したい国・地域として，人気が高いとされています。外国人観光客が再び日本を訪れることができるようになった際には，本書が接客業に携わる方々のお役に立つことを願っております。

目 次

本書の使い方

　本書は，英語の苦手な方から用途にあう表現を実践的に身につけたいという方まで，幅広くお使いいただけます。

自分で覚える　　　音声を繰り返し聞いて，必要なフレーズを覚える。

相手に聞かせる　　伝えたいフレーズの QR コードを読み込んで，音声を直接聞いてもらう。

相手に見せる　　　伝えたいフレーズを指差して，相手に読んでもらう。

　自分に合った方法でうまく活用してみてください。

ルビについて

弱く発音するカタカナは文字を小さくしてあります。

少々お待ちください。　　　　　　　One moment, please.
　　　　　　　　　　　　　　　　　　ワン モゥメント プリーズ

Yes/No で答えられる疑問文など，語尾が上がるところは「↗」で示しています。

何かお困りですか。　　　　　　　　May I help you?
　　　　　　　　　　　　　　　　　　メイアイ ヘルプュー ↗

「and」「or」を使って複数の選択肢を列挙する場合，「and」「or」の前は上がり調子 ↗ になります。

こちらでお召し上がりですか，　　　For here, or to go?
お持ち帰りですか。　　　　　　　　フォーヒア ↗ オァ トゥ ゴゥ

お飲み物，おつまみ，お弁当はいかがですか。

Would you like a drink, a snack or a Bento box?
ウデュゥ ライクァ ドゥリンク⤴ ァ スナック⤴ オァ ァ ベントーボックス

　カタカナでは表現しきれない音もありますので，実際の音声を聞きながら，発音をまねて練習してみてください。

◯ について

　言い換え表現がある場合は ◯ で示しています。

食後に服用してください。／食前に服用してください。

Please take the medicine after ◯[before] meals.
プリーズ テイク ダ メディスン アフター ◯[ビフォァ] ミールズ

音声について

　音声は英文のみを収録しています。聞きたいフレーズに対応する日本語の横にある QR コードを読み込んでください。

　また，一括でダウンロードしたい場合は以下の URL または QR コードを読み込むと，本書の紹介ページが表示されますので，「無料音声ダウンロード」の文字をクリックして保存してください。

https://www.goken-net.co.jp/catalog/card.html?isbn=978-4-87615-356-5

001

いらっしゃいませ。

002

おはようございます。

003

こんにちは。

004

こんばんは。

005

はい。／いいえ。

Hello.

ハロゥ

Good morning.

グッド モーニング

Good afternoon.

グダァフタヌーン

Good evening.

グドイーブニング

Yes. / No.

イェス ／ ノー

006

 ありがとうございます。

007

 どういたしまして。

008

 申し訳ございません。

009

 大変失礼いたしました。

010

 何かお困りですか。

Thank you.

センキュー

You're welcome.

ユーァ ウェルカム

I'm sorry.

アイム ソゥリー

I'm so sorry about that.

アイム ソゥ ソゥリー ァバウト ダット

May I help you?

メイアイ ヘルプュー ⤴

011
少々お待ちください。

012
お待たせいたしました。

013
どうぞおかけください。

014
かしこまりました。

015
こちらでよろしいでしょうか。

One moment, please.

ワン モゥメント プリーズ

Thank you for waiting.

センキュー フォァ ウェイティング

Have a seat.

ハヴァ スィート

Certainly.

サートゥンリー

Is this Okay?

イズ ディス オゥケイ ↗

016

ございます。［あります。］

017

ございません。［ありません。］

018

こちらでございます。《近くを指す》

019

あちらでございます。《遠くを指す》

020

それはできかねます。

Yes, we have it.

イェス　ウィ　ハヴイット

We don't have that.

ウィドント　ハヴ　ダット

Here it is.

ヒァ　イティズ

It's over there.

イッツ　オゥヴァーデァ

I'm afraid we're not able to do that.

アイムアフレイド　ウァー　ナットエイボゥ　トゥ　ドゥダット

021

またお越しください。

022

またのご利用をお待ちしております。

023

どうぞお気を付けて。《見送りの言葉》

024

英語がわかりません。

025

英語ができる者に代わります。

We hope to see you again.

ウィ ホゥプ トゥ スィー ユー アゲン

We look forward to seeing you again.

ウィ ルック フォゥワードトゥ スィーイング ユー アゲン

Take care.

テイク ケアー

I don't understand English.

アイ ドゥント アンダースタァンド イングリッシュ

Let me get someone who can speak English.

レットミー ゲット サムワン フー キャン スピーク イングリッシュ

026

少しだけ英語を話せます。

027

指差していただけますか。

028

ゆっくり話していただけますか。

029

もう一度おっしゃっていただけますか。

030

書いていただけますか。

I can speak a little English.

アイ キャン スピークァ リトル イングリッシュ

Could you point to it?

クデュゥ ポイントゥイット⤴

Could you speak a little slower?

クデュゥ スピークァ リトル スロゥアー⤴

I'm sorry, could you say that again?

アイム ソゥリー クデュゥ セイ ダッタゲン⤴

Could you write it down?

クデュゥ ライティット ダゥン⤴

031

代金はこちらです。《金額を指差しながら》

032

税込み価格です。

033

税金は含まれておりません。

034

おつりです。

035

10円不足しております。

Here's the price.

ヒァーズ ダ プライス

The price includes tax.

ダ プライス インクルーズ タックス

The tax is not included.

ダ タックス ィズ ナット インクルーディット

Here's your change.

ヒァーズ ヨァ チェィンジ

I'm afraid you're 10 yen short.

アイムアフレイド ユーァ テン ィエン ショート

036

小銭はございますか。

037

クレジットカードは使えません。

038

（クレジットカードをお預かりして）**少々お待ちください。**

039

お支払いは分割にされますか。

040

暗証番号を入力してください。

Do you have coins?

ドゥユー ハヴ コインズ ↗

We don't accept credit cards.

ウィ ドント アクセプト クレディット カーズ

Just a moment.

ジャストァ モゥメント

Would you like to pay in installments?

ウデュゥ ライク トゥ ペイィニンストールメンツ ↗

Please enter your PIN (number).

プリーズ エンター ヨァ ピン (ナンバー)

041
こちらにご署名をお願いいたします。

042
こちらのカードはご使用になれません。

043
カードの有効期限が切れております。

044
カード会社にお問い合わせください。

045
こちらにタッチしてください。《電子マネーでお支払い》

Please sign here.

プリーズ サイン ヒァ

I'm afraid we cannot accept this card.

アイムアフレイド ウィ キャナット アクセプト ディス カード

The card has expired.

ダ カード ハズ ェクスパイアード

Please contact the credit card company.

プリーズ コンタクト ダ クレディットカード カンパニー

Please touch your card here.

プリーズ タッチ ヨァ カード ヒァ

046

もう一度タッチをお願いします。

047

カード残高が不足しております。

048

残りは現金でのお支払いですか。

049

領収書でございます。

050

（領収書の）宛名はどうなさいますか。

Please touch it again.

プリーズ タッチイット アゲン

You don't have enough money on your card.

ユー ドント ハヴァナフ マニー オン ヨァ カード

Would you like to pay the difference in cash?

ウデュゥ ライク トゥ ペイ ダ ディッファレンス イン キャッシュ ↗

Here's your receipt.

ヒァーズ ヨァ リスィート

Who should I make the receipt out to?

フー シュドゥアイ メイク ダ リスィート アウトトゥ

051

ポイントカードはお作りしますか。

052

100円お買い上げごとに1ポイント貯まります。

053

（カードを）無料でお作りできます。

054

有効期限はこちらに記載してあります。

055

ポイントをお使いになりますか。

Would you like (me to make you) a point card?

ウデュゥ ライク（ミー トゥメイキュー）ァ ポイントカード↗

You'll get one point for every 100 yen you spend.

ユール ゲット ワン ポイント フォ エヴリィ ワンハンドレッドイェン ュー スペンド

It doesn't cost anything to make a card.

イト ダズント コスト エニィスィング トゥ メイク ァ カード

The expiration date is printed here.

ディ エクスパレイション デイト ィズ プリンティッド ヒア

Would you like to use points for this purchase?

ウデュゥ ライク トゥ ユーズ ポインツ フォァ ディス パーチェス↗

056

免税なさいますか。

057

パスポートをお持ちですか。

058

パスポートをお借りいたします。

059

こちらは対象外です。

060

免税するのに金額が足りません。

Would you like a tax free?

ウデュゥ ライクァ タックス フリー↗

Do you have your passport?

ドゥユー ハヴ ヨァ パスポート↗

Could you show me your passport, please?

クデュゥ ショウ ミー ヨァ パスポート プリーズ↗

It doesn't apply to this item.

イト ダズント アプライ トゥ ディス アイタム

The amount does not qualify for a tax free.

ディ ァマウント ダズ ナット クォリファイ フォァ タックス フリー

061

こちらでは両替できません。

062

すべて100円硬貨でよろしいですか。

063

ドルから円の両替でよろしいですか。

064

いくら両替なさいますか。

065

ただいま小銭が不足しております。

We cannot give change here.

ウィ キャナット ギヴ チェィンジ ヒァ

Would you like that in 100-yen coins?

ウデュゥ ライク ダットィン ワンハンドレッドイェン コインズ↗

You want yen for dollars, is that correct?

ユー ウォント イェン フォー ダァラーズ イズ ザット コレクト↗

How much would you like to change?

ハゥマッチ ウデュゥ ライク トゥ チェィンジ

We don't have enough coins right now.

ウィ ドント ハヴァナフ コインズ ライトナウ

066

レシートはお持ちですか。

067

どのような不備がございましたか。

068

こちらの商品は返品できません。

069

開封済みの商品は交換できません。

070

すぐに交換いたします。

Do you have the receipt?

ドゥユー ハヴ ダ リスィート↗

What's wrong with the item?

ワッツ ゥロング ウィズディ アイタム

This item is not returnable.

ディス アイタム ィズ ナット リターナボゥ

We cannot exchange an item once the package has been opened.

ウィ キャナット イクスチェィンジ ァン アイタム ワンス ザ
パケッジ ハズ ビン オゥプンド

I'll get you another one right away.

アィル ゲットユー アナダーワン ライトァウェイ

071

サービスカウンターでレシートをご提示ください。

072

リボンはどちらになさいますか。

073

包装紙はどちらになさいますか。

074

無料でラッピングいたします。

075

箱は有料になります。

Please take your receipt to the service counter.

プリーズ テイク ヨァ リスィート トゥ ダ サーヴィス カウンター

Which ribbon would you like?

ウィッチ リブン ウデュゥ ライク

Which wrapping paper would you like?

ウィッチ ゥラッピング ペイパー ウデュゥ ライク

We do the wrapping for free.

ウィ ドゥ ダ ゥラッピング フォー フリー

We charge for the box.

ウィ チャージ フォ ダ ボックス

076 お時間が5分ほどかかります。

077 出来上がりましたらお持ちします。

078 店内をご覧になってお待ちください。

079 23番でお待ちのお客様！

080 小分けの袋をお入れしておきます。

It will take about five minutes.

イトウィル テイク アバウト ファイヴ ミニッツ

I'll bring it to you when it's ready.

アィル ブリンギット トゥー ユー ウェニィッツ レディ

Please feel free to look around while you're waiting.

プリーズ フィール フリー トゥ ルックァラウンド ワイル
ユァ ウェイテイング

Number 23 !

ナンバー トゥウェンティトゥリー

Let me put in some extra bags for you.

レットミー プットイン サム エクスチュラ バッグス フォーユー

081

 一番人気のおみやげです。

082

 よろしければご試食してみてください。

083

 賞味期限はこちらに記載されています。

084

 お早めにお召し上がりください。

085

 イートインコーナーがございます。

This is the most popular souvenir.

ディスィズ ダ モゥスト ポァピュラー スーヴェニーァ

Would you like to try it?

ウデュゥ ライク トゥ トゥラィイット↗

The expiration date is printed here.

ディ エクスパレィション デイト ィズ プリンティッド ヒァ

We recommend you eat this as soon
as possible.

ウィ レッコメンドユー イート ディス アズ スンナズ パッスィボゥ

We have an eating area for customers.

ウィ ハヴ ァン イーティング エァリア フォ カスタマーズ

086

こちら温めますか。

087

温め終わるまで少々お待ちください。

088

お箸はご入り用ですか。

089

スプーンはご入り用ですか。

090

いくつお付けしますか。

Would you like this heated up?

ウデュゥ ライク ディス ヒーティド ァプ ↗

It will take just a minute to heat up.

イトウィル テイク ジャストァ ミニット トゥ ヒータップ

Would you like some chopsticks?

ウデュゥ ライク サム チョップスティックス ↗

Would you like a spoon?

ウデュゥ ライク ァ スプーン ↗

How many would you like?

ハゥメニー ウデュゥ ライク

091

カゴをお使いください。

092

カートはあちらにございます。

093

お1人様1個までとなっております。

094

2つご購入でさらにお安くなります。

095

レジ袋は有料になります。

Would you like to use a basket?

ウデュゥ ライク トゥ ユーズ ァ バースケット↗

The carts are over there.

ダ カーツ ァー オゥヴァーデア

That product is limited to one per person.

ダット プロダクト ィズ リミティッド トゥ ワン パー パースン

It's even cheaper if you buy two.

イッツ イーヴン チーパー ィフ ユー バイ トゥー

We charge for plastic bags.

ウィ チャージ フォァ プラァスティク バッグス

096

袋にお入れしますか。

097

恐れ入ります。《袋はなしでいいと言われたら》

098

ご購入の印としてテープを貼らせていただきます。

099

駐車券はお持ちですか。

100

お探しいたしますので少々お待ちください。

Would you like a bag?

ウデュゥ ライクァ バッグ♩

Okay.

オゥケィ

I'll put a sticker on it to show that it's paid for.

アィル プッタ スティッカー オンニット トゥ ショウ ダットイツ ペイド フォアー

Do you have a parking voucher?

ドゥユー ハヴァ パーキング ヴァウチャー♩

Just a moment while I look for it.

ジャストァ モゥメント ワイルアイ ルック フォー イット

101

 大人は一日２錠服用してください。

102

 食後に服用してください。

520
食前に服用してください。

103

 こちらは粉薬です。

104

 アレルギーはありますか。

105

 この薬は副作用で眠くなることがあります。

Adults should take two tablets a day.

アダルツ シュッド テイク トゥー タブレッツ ァ デイ

Please take the medicine after [before]
meals.

プリーズ テイク ダ メディスン アフター [ビフォァ] ミールズ

This is powdered medicine.

ディスィズ パウダード メディスン

Do you have any allergies?

ドゥユー ハヴ ェニィ アラジース ↗

This medicine may make you feel
drowsy.

ディス メディスン メイ メイキュー フィール ドラウズィ

106

何かお探しですか。

107

メーカーはどちらをご希望ですか。

108

ご予算はどれくらいをお考えですか。

109

こちらをおすすめします。

110

新入荷の商品です。

May I help you find something?

メイアイ ヘルプユー ファインド サムティング ↗

What manufacturer would you prefer?

ホワット メニュファクチュアアー ウデュゥ プリファー

How much would you like to spend?

ハゥマッチ ウデュゥ ライク トゥ スペンド

I would recommend this one.

アイ ウド レコメンド ディス ワン

These products have just come in.

ディーズ プロダクツ ハヴ ジャスト カム イン

111

日本製です。

112

こちらは展示品のみとなります。

113

ご使用には変圧器が必要です。

114

担当者を呼んでまいります。

115

在庫を確認してまいります。

They're made in Japan.

デア メイドィン ジャパン

This is the display item.

ディスィズ ダ ディスプレイ アイタム

You will need a converter to use it.

ユー ウィル ニードァ コンヴァーター トゥ ユーズイット

Let me get the person in charge.

レットミー ゲット ダ パースン ィン チャージ

Let me check if we still have some in stock.

レットミー チェック イフ ウィ スティル ハヴ サム イン ストック

116

持ち手をお付けします。

117

お車までお持ちします。

118

海外への発送はできません。

119

こちらはセール対象外です。

120

1年保証が無料で付きます。

I'll put a handle on it for you.

アィル プッタ ハンドゥ オンイット フォーユー

I'll carry it to your car.

アィル キャリーイット トゥー ヨァ カー

I'm afraid we do not ship internationally.

アイムアフレイド ウィ ドゥナット シップ ィンターナァショナリー

These items are not on sale.

ディーズ アイタムズ アーナットオン セイル

It has a free one-year warranty.

イトハズ ァ フリー ワンイヤー ウォランティ

121

オプションで保証期間が延長できます。

122

保証書は大切に保管しておいてください。

123

電池は別売りなのでご注意ください。

124

もっと値引きいたしますよ。

125

これ以上は値引きできません。

You can choose to extend the warranty period.

ユー キャン チューズ トゥ ェクステンド ダ ウォランティ ピェリエド

It's best to keep the warranty.

イッツ ベスト トゥ キープ ダ ウォランティ

Please note that batteries are sold separately.

プリーズ ノート ダット バァタリーズ ァー ソウルド セッパレットリィ

I'll give you a larger discount.

アィル ギヴュー ァ ラージャー ディスカウント

Unfortunately, we cannot make the price any lower.

アンフォーチュナトリー ウィ キャナット メイク ダ プライス エニィ ロゥワー

126

値引き後の価格になります。

127

在庫切れでございます。

128

お取り寄せいたしますか。

129

1 週間ほどかかりますがよろしいですか。

130

来月入荷予定です。

Here's the price after the discount.

ヒァーズ ダ プライス アフター ダ ディスカウント

They're out of stock.

デイア アウトォヴ ストック

Would you like to place an order?

ウデュゥ ライク トゥ プレイス アンォーダー ↗

It takes about a week.
Will that be all right?

**イト テイクス ァバウトァ ウィーク
ウォルダット ビーオール ライト ↗**

It should come in next month.

イト シュッド カムイン ネクスト マンス

53

131

本にカバーはお付けしますか。

132

カバーの種類をお選びください。

133

こちらの端末で書籍を検索できます。

134

新刊売り場はこちらです。

135

まだ発売しておりません。

027

Would you like a jacket for the book?

ウデュウ ライク ァ ジャケット フォ ダ ブック ↗

You can choose a book jacket.

ユー キャン チューズ ァ ブック ジャケット

You can search for the book using this machine.

ユー キャン サーチ フォ ダ ブック ユーズィング ディス
マシーン

Here are the new releases.

ヒァ ァー ダ ニュー リリースィズ

It is not on sale yet.

イトイズ ナットオン セイル イェット

136

どちらのブランドをお探しですか。

137

あいにく当店では取り扱っておりません。

138

流行のコスメです。

139

お試しになりますか。

140

乾燥肌用はこちらです。

521
敏感肌用はこちらです。

What brand are you looking for?

ワット ブランド アー ユー ルッキング フォー

Unfortunately, we don't have that.

アンフォーチュナトリー ウィドントハヴ ダット

This cosmetic is trendy.

ディス コスメティック イズ トゥレンディ

Would you like to try it?

ウデュウ ライク トゥ トゥライイット ✓

Here are the products for dry [sensitive] skin.

ヒァアー ダ プロダクツ フォ ドゥライ [センスィティヴ] スキン

141

指輪のサイズは何号ですか。

142

指輪のサイズをお測りしましょうか。

143

こちらはペアリングになっております。

144

チェーンの長さは調整可能です。

145

よくお似合いですね。

What's your ring size?

ワッツ ヨァ リング サイズ

Would you like me to measure your ring size?

ウデュゥ ライク ミー トゥ メジャー ヨァ リング サイズ⤴

These are couple rings.

ディーズアー カポゥ リングス

You can adjust the length of the chain.

ユー キャン アジャスト ダ レンクト ォヴ ダ チェイン

It looks good on you.

イトルックス グッドォン ユー

146

色違いをお持ちしましょうか。

147

S, M, L, LL サイズがございます。

148

こちらはフリーサイズです。

149

S サイズはただいま売り切れです。

150

ご試着なさいますか。

Would you like to see the other colors?

ウデュゥ ライク トゥ スィー ディ アダー カラーズ⤴

It comes in small, medium, large and extra large.

イト カムズィン スモール⤴ ミーディァム⤴ ラージ⤴ エンド エクストゥラ ラージ

It's one-size-fits-all.

イッツ ワン サイズ フィッツォール

I'm afraid we're out of this in the small size.

アイムアフレイド ウァー アウドォヴ ディス ィン ダ スモール サイズ

Would you like to try it on?

ウデュゥ ライク トゥ トゥライイット ォン⤴

151 こちらはご試着になれません。

152 フェイスカバーをお使いください。

153 ご使用方法はわかりますか。

154 ワンサイズ上のものをお持ちします。

522 ワンサイズ下のものをお持ちします。

155 鏡はこちらです。

I'm afraid you cannot try this on.

アイムアフレイド ユー キャナット トゥライ ディス オン

Please use this cover over your face.

プリーズ ユーズ ディス カヴァー オゥヴァー ヨァ フェイス

Do you know how to use it?

ドゥユー ノゥ ハウトゥ ユーズィト ↗

I'll bring one size bigger [smaller].

アィル ブリング ワンサイズ ビガー [スモゥラー]

Here's the mirror.

ヒァーズ ダ ミラー

156

こちらでお召し上がりですか，お持ち帰りですか。

157

お飲み物は何になさいますか。

158

ホットとアイスどちらになさいますか。

159

コーヒー，紅茶，ハーブティー，日本茶がございます。

160

サイドメニューをお選びください。

(Audio) 032

For here, or to go?

フォーヒァ オァ トゥ ゴゥ

What would you like to drink?

ワット ウデュウ ライク トゥ ドゥリンク

Would you like it hot or cold?

ウデュウ ライクイト ホット オァ コゥルド

We have coffee, tea, herbal tea and Japanese green tea.

ウィ ハヴ カァフィ ティー アーボル ティー エンド
ジャパニーズ グリーンティ

You can choose a side dish.

ユー キャン チューズ ァ サイド ディッシュ

161

サイズはいかがなさいますか。

162

セットがお得です。

163

こちらのクーポンは当店ではお使いいただけません。

164

出来上がりましたらお席までお持ちします。

165

こちらの番号札をお持ちください。

033

What size would you like?

ワット サイズ ウデュゥ ライク

It's cheaper to buy them as a set.

イッツ チーパー トゥ バイ デム アズ ァ セット

You cannot use this coupon here.

ユー キャナット ユーズ ディス クーポン ヒァ

I'll bring it to your table when it's ready.

アィル ブリンギット トゥ ヨァ テイボゥ ウェニッツ レディ

Please wait a moment and keep this number.

プリーズ ウェイト ァ モゥメント エンド キープ ディス ナンバー

166

先にお席の確保をお願いします。

167

レモンかミルクはお付けしますか。

168

砂糖はおいくつお付けしますか。

169

こちらで片付けますので置いておいてください。

170

一列に並んでお待ちください。

034

カフェ・ファストフード店

Please get your table first.

プリーズ ゲット ヨァ テイボゥ ファースト

Would you like lemon or milk with tea?

ウデュゥ ライク レマン↗ ノァ ミルク ウィズ ティー

How many packets of sugar would you like?

ハゥメニー パケッツ ォヴ シュガー ウデュゥ ライク

Don't worry, we'll take care of that.

ドン ウォーリー ウィル テイクケア ォヴ ダット

Please wait in line.

プリーズ ウェイトイン ライン

171

コーンとカップどちらになさいますか。

172

アイスをお選びください。

173

キャンドルはお付けしますか。

174

キャンドルは何本お付けしますか。

175

プレートにお名前をお入れできます。

Would you like a cone or a cup?

ウデュゥ ライク ァ コウン ♪ ノァ ァ カップ

Go ahead and choose an ice cream flavor.

ゴゥアヘッド エンド チューズ ァン アイスクリーム フレイヴァー

Shall we add candles?

シャルウィ アド キャンドルズ ♪

How many candles would you like?

ハゥメニー キャンドルズ ウデュゥ ライク

We can write a name on the plate.

ウィ キャン ゥライト ァ ネイム オン ナ プレイト

176

お持ち帰りのお時間はどれくらいですか。

177

ドライアイスが入っておりますのでお気を付けください。

178

ケーキのご確認をお願いします。

179

出来上がりましたらお呼びします。

180

当店の限定商品です。

036

How long until you get there?

ハゥロング アンティル ユー ゲットデア

There's some dry ice in there,
so please be careful.

デアーズ サム ドゥライアイス ィン デァ
ソゥ プリーズ ビー ケアフォー

Please make sure that's the right cake.

プリーズ メイクシュアー ダッツ ザ ライト ケイク

I'll call you when it's ready.

アィル コールユー ウェニッツ レディ

You won't find this anywhere else.

ユー ウォント ファインド ディス エニィウェァエルス

181

何名様でしょうか。

182

満席のため30分ほどお待ちいただきますがよろしいですか。

183

本日はご予約のお客様のみとなっております。

184

おタバコは吸われますか。

185

当店は全席禁煙でございます。

037

How many people?

ハゥメニー ピーポゥ

I'm afraid that we're full, so it'll be about 30 minutes. Is that acceptable?

アイムアフレイド ダッ ウァー フル　ソゥ イトル ビー
ァバウト サーティ ミニッツ　　イズ ダッラクセプタボゥ ⤴

We are only accepting customers with reservations today.

ウィアー オゥンリー エクセプティング カスタマーズ ウィズ
レザヴェイションズ トゥデイ

Smoking or non-smoking?

スモゥキング ⤴ オァ ノンスモゥキング

This restaurant is all non-smoking.

ディス レスタラント ィズ オール ノンスモゥキング

186

お席にご案内いたします。

187

お呼びの際はこちらのボタンを押してください。

188

ランチメニューは 11 時からです。

189

ランチメニューにはサラダとスープが付きます。

190

こちらは平日限定のメニューでございます。

038

I'll show you to your table.

アィル ショゥユー トゥ ヨァ テイボゥ

Please press this button to call the staff.

プリーズ プレス ディス バタン トゥ コール ダ スタッフ

We start serving lunch at 11:00.

ウィ スタート サーヴィング ランチ アト イレヴン

Lunch comes with salad and soup.

ランチ カムズ ウィズ サーラド エンド スープ

This is the weekday special.

ディスィズ ダ ウィークデイ スペシャル

191

こちらは季節限定のメニューです。

192

コースは 2 名様より承ります。

193

お決まりでしたらお伺いします。

194

ご注文は以上でしょうか。

195

ご注文を確認いたします。

This is the seasonal menu.

ディスィズ ダ シーズノル メニュー

The course can only be ordered for two or more.

ダ コース キャン オゥンリー ビー オーダード フォー トゥー オァ モァ

May I take your order?

メイアイ テイク ヨァ オーダー ↗

Will that be all?

ウィル ダット ビー オール ↗

Let me confirm your order.

レットミー コンファーム ヨァ オーダー

196

(お料理の)**出来上がりまで少々お待ちください。**

197

パンとライスどちらになさいますか。

198

ドリンクバーはお付けしますか。

199

スープ, ドリンクはあちらからご**自由**にお**取り**ください。

200

セルフサービスとなっております。

It'll take a few minutes to prepare your meal.

イトル テイクァ フュー ミニッツ トゥ プリペアー ヨァ ミール

Would you like bread or rice?

ウデュゥ ライク ブレッド↗ オァ ライス

Would you like the all-you-can-drink option?

ウデュゥ ライク ディ オール ユー キャン ドゥリンク オプション↗

Please help yourself to the soup and beverages over there.

プリーズ ヘルプ ヨァセルフ トゥ ダ スープ エンド ベヴァレジイズ オゥヴァーデァ

Please help yourself.

プリーズ ヘルプ ヨァセルフ

201

熱いのでお気を付けてお召し上がりください。

202

トイレはこちらです。

203

トイレは店内ではなく外にございます。

204

こちらお下げしてもよろしいでしょうか。

205

コーヒーのおかわりはいかがですか。

It's very hot, so please be careful.

イッツ ヴェリー ホット ソゥ プリーズ ビー ケアフォー

The restroom is right here.

ダ レストルーム ィズ ライト ヒァ

The restroom is outside.

ダ レストルーム ィズ アゥトサイド

May I take your plates?

メイアイ テイク ヨァ プレイツ ↗

Would you like some more coffee?

ウデュゥ ライク サム モァ カァフィ ↗

206

ラストオーダーのお時間です，他に何かご注文はございますか。

207

お会計は別々になさいますか。

208

次回ご利用いただけるクーポン券でございます。

209

制限時間は 90 分です。《食べ放題》

210

お飲み物は別料金です。

Can I get you anything else before we close the kitchen?

キャナイ ゲット ユー エニスィングエルス ビフォア ウィ クローズ ダ キッチン ↗

Will you be paying separately?

ウィルユー ビー ペイイング セッパレットリー ↗

You can use this coupon next time.

ユー キャン ューズ ディス クーポン ネクスト タイム

It lasts for 90 minutes.

イトラスツ フォー ナインティ ミニッツ

Drinks are charged separately.

ドゥリンクス アー チャージド セッパレットリー

211

 あいにく個室は空いておりません。

212

 お座敷と椅子席どちらがよろしいですか。

213

 カウンター席でもよろしいですか。

214

 相席になりますがよろしいですか。

215

 生ビールと瓶ビールがございます。

I'm afraid all the private rooms are full.

アイムアフレイド オール ダ プライヴァト ルームズ アー フル

Would you like tatami floor seating or chair seating?

ウデュゥ ライク タタミ フロアー スィーティング⤴ オァ
チェアー スィーティング

Would you mind sitting at the counter?

ウデュゥ マインド スィッティング アトダ カウンター⤴

Would you mind sharing a table with someone else?

ウデュゥ マインド シェアリング ア テイボゥ ウィズ
サムワンネェルス⤴

We have draft beer and bottled beer.

ウィ ハヴ ドゥラフト ビアー エンド バトゥゥド ビアー

216

日本酒は辛口と甘口がございます。

217

こちらは辛口のお酒です。

523

こちらは甘口のお酒です。

218

熱燗と冷やどちらになさいますか。

219

濃厚な味わいです。

220

すっきりした味わいです。

We have dry and sweet Japanese sake.

ウィ ハヴ ドゥライ エンド スウィート ジャパニーズ サケ

This is the dry [sweet] sake.

ディスィズ ダ ドゥライ [スウィート] サケ

Would you like hot sake or room temperature sake?

ウデュゥ ライク ホット サケ ╱ オァ ルーム テンパーチュァー サケ

It has a rich taste.

イトハズ ァ リッチ テイスト

It has a refreshing taste.

イトハズ ァ レフレッシング テイスト

221

ストレートとロックどちらになさいますか。

222

お湯割りもできます。

223

本日のおすすめはこちらです。

224

そちらのタッチパネルでもご注文になれます。

225

タレにつけてお召し上がりください。

居酒屋

Would you like it straight or on the rocks?

ウデュゥ ライキット ストゥレイト⤴ オァ オン ナ ロックス

We can also mix it with hot water if you'd like.

ウィ キャンオールソゥ ミックスイット ウィズ ホット ウォーター イフュド ライク

Here are today's specials.

ヒァアー トゥデイズ スペショルズ

You can also use this touch screen to place your orders.

ユー キャンオールソゥ ユーズ ディス タッチ スクリーン トゥ プレイス ヨァ オーダーズ

You can dip it in sauce before you eat it.

ユー キャン ディップィティン ソース ビフォァ ユー イーティット

226

温かいうちにどうぞ。

227

お鍋の用意をしてもよろしいですか。

228

お飲み物の追加はいかがですか。

229

温かいお茶をお持ちしましょうか。

230

温かいおしぼりをどうぞ。

Enjoy it while it's nice and hot.

エンジョイイット ワイル イッツ ナイス エンド ホット

May I get the hot pot ready?

メイアイ ゲット ダ ホットポット レディ ↗

Can I get you another drink?

キャナイ ゲットユー アナダー ドゥリンク ↗

Would you like some hot tea?

ウデュゥ ライク サム ホット ティー ↗

Here's a wet hot towel.

ヒアーズ ア ウエット ホット タアウオル

231

お寿司の値段はお皿の色によって違います。

232

わさび抜きもできます。

233

寿司以外のメニューもございます。

234

この粉を湯飲みに入れてお湯をそそぎます。

235

こちらの伝票をレジまでお持ちください。

The color of the plate indicates the price of the sushi.

ダ カラー ォヴ ダ プレイト インディケイツ ダ プライス ォヴ ダ スシ

We can also prepare it without wasabi.

ウィ キャンオールソゥ プリペアー イット ウィズアウト ワサービ

There are also other dishes besides sushi.

デァアー オールソゥ アダー ディッシィズ ビサイズ スシ

You put the powder in a cup and add hot water.

ユー プット ダ パウダー イン ァ カップ エンド アッド ホット ウァーター

Please take this check to the checkout counter.

プリーズ テイク ディス チェック トゥ ダ チェックアウト カウンター

236

お待ちしておりました。

237

どういった部屋をご希望ですか。

238

和室と洋室がございます。

239

和室にはベッドはございません。

240

部屋に露天風呂が付いています。

Thank you very much for coming.

センキュー ヴェリー マッチ フォァ カミング

What kind of room would you like?

ワット カインド ォヴ ルーム ウデュゥ ライク

We have Japanese-style rooms and Western-style rooms.

ウィ ハヴ ジャーパニーズスタイル ルームス エンド ウェスタン スタイル ルームス

There are no beds in the Japanese-style rooms.

デァアー ノゥ ベッズ ィン ダ ジャーパニーズスタイル ルームス

The room has a private open-air bath.

ダ ルーム ハズ ァ プライヴェト オープンエア バース

241

浴室が付いておりません。

242

シングルは満室です。

243

ツインであればお泊まりになれます。

244

あいにく本日は満室でございます。

245

パスポートを拝見してよろしいですか。

There's no bath.

デァーズ ノゥ バース

I'm afraid the singles are full.

アイムアフレイド ダ スィングルズ アー フル

We have twin rooms available.

ウィ ハヴ トゥイン ルームス アヴェイラボゥ

Unfortunately, all the rooms are fully booked today.

アンフォーチュナトリー　オール ダ ルームス アー フリー ブックト トゥデイ

May I see your passport, please?

メイアイ スィー ヨァ パスポート プリーズ⤴

246

ご案内までロビーでおかけになってお待ちください。

247

代金は前払いです。

248

代金はチェックアウト時にお支払いください。

249

部屋のカギをお渡しいたします。

250

部屋までご案内いたします。

We'll show you to your room in a moment.
Please have a seat in the lobby.

**ウィル ショウ ユー トゥ ヨァ ルーム イン ァ モゥメント
プリーズ ハヴ ァ スィート イン ダ ロビー**

We ask that you need to pay in advance.

ウィ アスク ダット ユー ニードトゥ ペイィニン アドヴァンス

Could you pay after the checkout?

クデュゥ ペイ アフター ダ チェックアウト⤴

Here's your room key.

ヒァーズ ヨァ ルーム キー

I'll show you to your room.

アィル ショウ ユー トゥ ヨァ ルーム

101

251

非常口は廊下の突き当たりにございます。

252

お荷物をお運びいたします。

253

どうぞお入りください。

254

靴を脱いでお上がりください。

255

日本は初めてですか。

The emergency exit is at the end of the corridor.

ディ エマージェンスィ エクスィット イズ アトディ エンドオヴ
ダ コーォドアー

I'll take your bags.

アィル テイク ヨァ バッグス

Please go ahead.

プリーズ ゴゥアヘッド

Please take off your shoes before entering.

プリーズ テイクォフ ヨァ シューズ ビフォァ エンタリング

Is this your first visit to Japan?

イズ ディス ヨァ ファースト ヴィズィット トゥ ジャパーン ↗

256

 部屋の設備をご説明いたします。

257

 エアコンはこちらです。

258

 金庫のカギです。

259

 番号をお忘れのないようにお願いします。

260

 冷蔵庫のお飲み物は有料です。

I'll explain the facilities in the room.

アィル ィクスプレイン ダ ファスィリティズ イン ダ ルーム

Here's the air conditioner.

ヒァーズ ディ エァ コンディショナー

This is the safe key.

ディスィズ ダ セイフキー

Please don't forget your PIN (number).

プリーズ ドント フォゲット ヨァ ピン (ナンバー)

You'll be charged separately for any drinks you consume from the refrigerator.

ユール ビー チャージト セッパレットリー フォー エニィ
ドゥリンクス ユー コンスューム フロム ダ レフリッジレイター

261

お部屋で Wi-Fi をお使いになれます。

262

Wi-Fi はロビーでのご利用であれば無料です。

263

大浴場は翌朝に男湯と女湯が入れ替わります。

264

お布団はのちほど係の者が敷きにまいります。

265

お茶をお入れします。

053

WiFi is available in all rooms.

ワイファイ ィズ アヴェイラボゥ イン オール ルームス

Free WiFi is available in the lobby.

フリー ワイファイ ィズ アヴェイラボゥ イン ダ ラビィ

The men and women's bath switch every morning.

ダ メン エンド ウィメンズ バース スウィッチ エヴリィ モーニング

Someone will come to prepare the futon for you later.

サムワンウィル カム トゥ プリペアー ダ フトン フォー ユー レイター

Shall I pour some tea?

シャルアイ ポァー サムティー ↗

266

お茶菓子をお召し上がりください。

267

タオルと浴衣はあちらにございます。

268

小さなタオルはお持ち帰りになれます。

269

バスタオルはお持ち帰りできません。

270

浴衣のお持ち帰りはご遠慮ください。

054

Please help yourself to some teacake.

プリーズ ヘルプ ヨァセルフ トゥ サム ティーケイク

There are towels and yukata over there.

デァアー タァオルズ エンド ユカタ オゥヴァーデァ

You can take the small towels with you.

ユー キャン テイク ダ スモール タァオルズ ウィズ ユー

You cannot take the bath towels with you.

ユー キャナット テイク ダ バース タァオルズ ウィズ ユー

Please do not take the yukata with you.

プリーズ ドゥナット テイク ディ ユカタ ウィズ ユー

271

浴衣のサイズのご確認をお願いします。

272

別のサイズの浴衣をすぐにお持ちします。

273

浴衣の着方はご存知ですか。

274

えりの端をつまんで浴衣を広げます。

275

まず右身ごろを体にあてます。

Please see if the yukata fits.

プリーズ スィー イフ ディ ユカタ フィッツ

I'll bring you a yukata of a different size shortly.

アィル ブリングユー ァ ユカタ ォヴ ァ ディッファレント サイズ ショートリー

Do you know how to wear yukata?

ドゥユー ノゥ ハゥトゥ ウェア ユカタ ⤴

Hold the edges of the collar between your fingers and open up the yukata.

ホールド ディ エッジズ ォヴ ダ カラー ビトゥィーン ヨァ フィンガース エンド オゥプンァプ ディ ユカタ

First wrap the right side over your body.

ファースト ゥラップ ダ ライト サイド オゥヴァー ヨァ バディ

276

左身ごろが上になるようにします。

277

帯を巻きます。

278

これは浴衣の上に着る羽織です。

279

ご夕食はお部屋でお召し上がりになりますか。

280

ご朝食のお時間は何時になさいますか。

Make sure the left side is on top.

メイク シュア ダ レフト サイド ィズ オン トップ

Tie the Obi.

タイ ディ オビ

We wear this haori over the yukata.

ウィ ウェア ディス ハオリ オゥヴァー ディ ユカタ

Would you like to dine in your room?

ウデュゥ ライク トゥ ダイン ィン ヨァ ルーム ♪

What time would you like to have breakfast?

ワット タイム ウデュゥ ライク トゥ ハヴ ブレックファースト

281

ご朝食の際はこちらの券をお持ちください。

282

ご用の際はなんなりとお申し付けください。

283

こちらの電話でお呼びください。

284

フロントの内線番号はこちらです。

285

ごゆっくりおくつろぎください。

Please bring this ticket with you to breakfast.

プリーズ ブリング ディス ティケット ウィズ ユー トゥ
ブレックファースト

Don't hesitate to let us know if you have any questions.

ドント ヘズィテイト トゥ レットァス ノゥ イフ ユー ハヴ ェニィ
クウェスションズ

You can call us on this phone.

ユー キャン コールァス オン ディス フォーン

Here is the number for the front desk.

ヒァイズ ダ ナンバー フォ ダ フロントデスク

Please enjoy your stay.

プリーズ エンジョイ ヨァ ステイ

286
入ってもよろしいでしょうか。

287
ご夕食は宴会場にてご用意いたします。

288
ご夕食はお部屋にお運びいたします。

289
ご夕食をお持ちしました。

290
お茶とご飯はこちらにございます。

May I come in?

メイアイ カムイン ↗

Dinner will be served in the banquet hall.

ディナー ウィル ビー サーヴド イン ダ バンクェット ホール

Dinner will be served in your room.

ディナー ウィル ビー サーヴド イン ヨァ ルーム

I've brought your dinner.

アイヴ ブロート ヨァ ディナー

Tea and rice are over here.

ティー エンド ライス アー オゥヴァーヒァ

291

ごゆっくりお召し上がりください。

292

お済みになりましたらお呼びください。

293

テーブルをお片付けいたします。

294

お布団を敷かせていただきます。

295

お布団を片付けにまいりました。

Enjoy your meal.

エンジョイ ヨァ ミール

Please let us know when you're finished.

プリーズ レットアス ノゥ ウェンニュァ フィニッシュト

I'll clear the table.

アィル クリアー ダ テイボゥ

I'll prepare the futon.

アィル プリペアー ダ フトン

I'm here to put away the futon.

アイム ヒァ トゥ プタァウェイ ダ フトン

296

よくお休みになられましたか。

297

記念にお写真をお撮りしましょうか。

298

最寄り駅までの送迎バスがございます。

299

タクシーをお呼びしますか。

300

迎車料金がかかりますがよろしいですか。

Did you sleep well?

ディデュゥ スリープ ウェル↗

Would you like me to take your photo?

ウデュゥ ライク ミー トゥ テイク ヨァ フォト↗

We have a shuttle bus to the nearest station.

ウィ ハヴァ シャトル バス トゥ ダ ニァレスト ステイション

Do you need a taxi?

ドゥユー ニードァ タクスィ↗

The taxi costs extra if they come and pick you up. Is that all right?

ダ タクスィ コスツ エクスチュラ イフ デイ カム エンド
ピックユー アップ　イズ ダット オールライト↗

121

301

ドアはオートロックです。

302

ドアはオートロックではございませんのでご注意ください。

303

お気を付けて行ってらっしゃいませ。

304

傘をお貸ししましょうか。

305

部屋番号をお教えください。

The door has an automatic lock.

ダ ドアー ハズ ァン オートマティック ロック

The door is not an automatic lock,
so please be careful.

**ザ ドアー イズ ナット ァン オートマティック ロック
ソゥ プリーズ ビー ケアフォー**

Take care and please come again.

テイク ケアー エンド プリーズ カム アゲン

Would you like me to lend you an
umbrella?

ウデュゥ ライク ミー トゥ レンド ュー ァン アンブレラ ↗

Could I have your room number, please?

クドアイ ハヴ ヨァ ルーム ナンバー プリーズ ↗

306

体を洗ってから湯船に浸かってください。

307

タオルは湯船に浸けないようにお願いします。

308

髪が湯船に浸からないよう結んでください。

309

温度に慣れるため入る前に湯を体にかけます。

310

こちらの時間帯であればご案内できます。《貸し切り風呂の利用》

062

You need to wash yourself first before entering the bath.

ユー ニード トゥ ウォッシュ ヨァセルフ ファースト ビフォァ
エンタリング ダ バース

Try not to put your towel in the bath.

トゥライ ナットトゥ プット ヨァ タアゥオル イン ダ バース

You need to tie your hair up so that it doesn't get in the water.

ユー ニード トゥ タイ ヨァ ヘアー アップ ソゥ ダットイト
ダズント ゲット イン ダ ウォーター

Pour hot water over your body before you get in so that you get used to the high temperature.

ポァー ホット ウォーター オゥヴァー ヨァ バディ ビフォァ ユー ゲットイン
ソゥ ディ ユー ゲット ユーストトゥ ダ ハイ テンパチュァー

These are the available times.

ディーズアー ディ アヴェイラブォ タイムズ

125

311

当店のご利用は初めてですか。

312

どのコースになさいますか。

313

ご予約はされていますか。

314

本日は予約でいっぱいです。

315

確認事項をチェックして問題がなければ署名してください。

063

Is this your first time here?

イズ ディス ヨァ ファースト タイム ヒァ⤴

What course would you like to choose?

ワット コース ウデュゥ ライク トゥ チューズ

Do you have a reservation?

ドゥユー ハヴ ァ レザヴェイション⤴

I'm afraid we're fully booked today.

アイムアフレイド ウィァ フーリー ブックト トゥデイ

Please read the terms and conditions, and sign here if you don't have any problem.

プリーズ リード ダ タームズ エンド コンディションズ エンド サイン ヒァ イフ ユー ドント ハヴ ェニィ プロブレム

127

316

こちらにお着替えください。

317

お着替えはお済みでしょうか。

318

そちらにかけてお待ちください。

319

本日は私が担当いたします。

320

体を楽にして力を抜いてください。

Please change into this.

プリーズ チェィンジ イントゥ ディス

Have you finished changing?

ハヴユー フィニッシュト チェィンジング ↗

Please have a seat there and wait a moment.

プリーズ ハヴ ァ スィート デア エンド ウェイト ァ モゥメント

I will be helping you today.

アイ ウィル ビー ヘルピング ユー トゥデイ

Please try to relax.

プリーズ トゥライ トゥ リラックス

129

321

うつ伏せに寝てください。

322

仰向けに寝てください。

323

体を右に向けてください。

324

痛かったら教えてください。

325

お冷やしいたします。《レーザーなどで熱した箇所を》

Please lie face-down.

プリーズ ライ フェイスダウン

Please lie on your back.

プリーズ ライォン ヨァ バック

Please lie on your right side.

プリーズ ライォン ヨァ ライト サイド

Let me know if it hurts.

レットミー ノゥ イフィト ハーツ

I'll cool it off.

アィル クールイット オフ

326

終わりました。

327

お疲れさまでした。

328

ゆっくりと体を起こしてください。

329

お茶をお持ちします。

330

着替え終わりましたら受付までお越しください。

That is all.

ダッ ディズ オール

Thank you. That's it.

センキュー　ダッツ イット

Please get up slowly.

プリーズ ゲダァプ スロゥリー

I'll bring you some tea.

アィル ブリング ユー サム ティー

Please come to the reception desk when you've changed.

プリーズ カム トゥ ダ レセプション デスク ウェンニューヴ チェィンジド

331

上着とお荷物をお預かりします。

332

どんなヘアスタイルになさいますか。

333

カットのみでよろしいですか。

334

どれくらいお切りになりますか。

335

今流行りのヘアスタイルです。

I'll take your coat and bag.

アィル テイク ヨァ コート エンド バッグ

What hairstyle would you like?

ワット ヘアスタイル ウデュゥ ライク

Are you only having a haircut?

アーユー オゥンリー ハヴィングァ ヘアカット↗

How much would you like me to cut?

ハゥマッチ ウデュゥ ライク ミー トゥ カット

This hairstyle is in style now.

ディス ヘアスタイル ィズ イン スタイル ナゥ

336

前髪はどうしますか。

337

いかがでしょうか。《鏡を見せながら》

338

シャンプー台までご案内します。

339

お湯加減はいかがですか。

340

ホットタオルでございます。

What should I do with the bangs?

ワット シュドアイ ドゥ ウィズ ダ バングス

How do you like it?

ハゥ ドゥユー ライキット

Please come with me to the shampoo area.

プリーズ カム ウィズ ミー トゥ ダ シャンプー エァリア

Is that too hot?

イズ ダット トゥー ホット↗

I'm going to use a hot towel.

アイム ゴゥイング トゥ ユーズ ァ ホット タアゥオル

341

運賃は前払いです。

342

運賃は（バス）降車時にお支払いください。

343

整理券をお取りください。

344

IC カードをタッチしてください。

345

現金でのお支払いですか。

You'll need to pay in advance.

ユール ニード トゥ ペイィン ァドヴァンス

Please pay when getting off the bus.

プリーズ ペイ ウェン ゲティング オフ ダ バス

Go ahead and take a numbered ticket.

ゴゥアヘッド エンド テイクァ ナンバード ティケット

Go ahead and place your IC card on the reader.

ゴゥアヘッド エンド プレイス ヨァ アイスィー カード ォン ダ リーダー

Will you pay cash?

ウィルユー ペイ キャッシュ ⤴

346

両替する場合はここにお札を入れてください。

347

両替できるお札は 1000 円のみです。

348

IC カードをチャージなさいますか。

349

（バスの）後ろの扉からお降りください。

350

どちらからご乗車されましたか。

If you want to get coins, put the bill in here.

イフ ユー ウォントゥ ゲット コインズ　プット ダ ビル イン ヒァ

You can only use one-thousand-yen bills.

ユー キャン オゥンリー ユーズ ワン タウザンド イエン ビルズ

Would you like to load your IC card?

ウデュゥ ライク トゥ ロード ヨァ アイスィ カード↗

Please use the doors at the back when getting off the bus.

プリーズ ユーズ ダ ドァーズ アト ダ バック ウェン ゲティング ォフ ダ バス

Where did you board?

ウェァ ディデュゥ ボァード

351

切符を拝見します。

352

指定席券はお持ちですか。

353

座席が間違っております。

354

自由席の車両はここではございません。

355

特急券が必要となります。

🔊 **071**

May I see your ticket?

メイアイ スィー ヨァ ティケット ↗

Do you have a reserved-seat ticket?

ドゥユー ハヴ ァ リザーヴド スィート ティケット ↗

You are in the wrong seat.

ユー アー イン ダ ゥロング スィート

This is not the non-reserved seat car.

ディスィズ ナット ダ ノン リザーヴド スィート カー

You need a limited express ticket.

ユー ニード ァ リミティド エクスプレス ティケット

356

こちらの車両は別途代金がかかります。

357

お支払いいただけない場合は車両のご移動をお願いいたします。

358

お飲み物，おつまみ，お弁当はいかがですか。

359

山手線に乗り換えてください。

360

反対側のホームでお待ちください。

電車

This car costs extra.

ディス カー コスツ エクスチュラ

If you don't pay, you'll have to leave this car.

イフ ユー ドント ペイ　ユール ハフトゥ リーヴ ディス カー

Would you like a drink, a snack or a Bento box?

ウデュゥ ライク ァ ドゥリンク ァ スナック オァ ァ ベントーボックス ⤴

You need to transfer to the Yamanote line.

ユー ニード トゥ トゥランスファー トゥ ダ ヤマノテ ライン

Please wait on the opposite platform.

プリーズ ウェイトン ディ オポスィット プラットフォーム

2つ目の駅で下車してください。

階段を渡って反対側のホームです。

事故のため遅れています。

終日運転を見合わせております。

精算機で清算してください。

073

You need to get off at the second stop.

ユー ニード トゥ ゲトオフ アト ダ セカンド ストップ

Use the stairs to get to the platform on the opposite side.

ユーズ ダ ステアーズ トゥ ゲットゥ ダ プラットフォーム オン ディ オポスィット サイド

It's delayed because of an accident.

イッツ ディレイド ビコーズォヴ ァン アクシデント

The trains are suspended all day.

ダ トゥレインズ アー サスペンディッド オールデイ

You need to use the fare adjustment machine.

ユー ニードトゥ ユーズ ダ フェアー ァジャストメント マシーン

366

行き先はどちらですか。

367

ご予約のお客様を待っているためご乗車いただけません。

368

5 人以上の乗車は定員オーバーです。

369

2 台のタクシーに分乗してください。

370

お荷物をトランクにお入れしますか。

074

Where would you like to go?

ウェア ウデュウ ライク トゥ ゴウ

There's a reservation from a customer, sorry.

デアーズァ レザヴェイション フロム ァ カスタマー
ソゥリー

It's up to four people per car.

イッツ アプトゥ フォー ピーポゥ パー カー

Please take two taxis.

プリーズ テイク トゥー タクスィズ

Would you like to put your bags in the trunk?

ウデュウ ライク トゥ プット ヨァ バッグス イン ダ トゥランク↗

371 シートベルトをお締めください。

372 ご住所かお電話番号はおわかりですか。

373 距離が遠すぎるため行けません。

374 高速道路を利用すれば早く着きます。

375 高速料金が別途かかりますがよろしいですか。

075

Please fasten your seatbelt.

プリーズ ファスン ヨァ スィートベルト

Do you know the address or the phone number?

ドゥユー ノゥ ディ ァドゥレス オァ ダ フォーン ナンバー⤴

It's too far, so I cannot take you.

イッツ トゥー ファー ソゥ アイ キャナット テイクユー

If you use the highway, you'll arrive earlier.

イフ ユー ユーズ ダ ハイウェイ ユール アライヴ ァーリアー

There's an extra charge for the highway. Is that all right?

デァーズ ァン エクスチュラ チャージ フォ ダ ハイウェイ イズ ダット オールライト⤴

376

深夜割増料金になりますがよろしいですか。

377

ここからだいたい 30 分ほどかかります。

378

どちらから来られましたか。

379

観光ですか。

380

いまは桜が見頃です。

076

There's a late-night charge.
Is that all right?

デアーズァ レイトナイト チャージ
イズ ダット オールライト ⤴

It's about 30 minutes from here.

イッツ ァバウト サーティ ミニッツ フロム ヒァ

Where are you from?

ウェァ アー ユー フロム

Are you sightseeing?

アー ユー サイトスィーイン ⤴

It's the cherry blossom season.

イッツ ダ チェリーブラッサム スィーズン

381

この辺りでお停めしてよろしいですか。

382

（目的地に）到着いたしました。

383

お忘れ物のないようお気を付けください。

384

お客様，お忘れ物です。

385

失礼いたします。

🔊 **077**

May I stop around here?

メイアイ ストップ ァラウンド ヒァ⤴

We've arrived.

ウィーヴ ァライヴド

Please make sure you have all your belongings.

プリーズ メイク シュァ ュー ハヴ オールヨァ ビロンギングス

Excuse me, you've forgotten something.

エクスキューズ ミー ューヴ フォガトン サムスィング

Excuse me.

エクスキューズ ミー

155

386

パンフレットは無料です。

387

ご自由にお持ちください。

388

周辺の地図です。

389

行きたい観光地はございますか。

390

お調べいたします。

The brochure is free.

ダ ブロウシュア ィズ フリー

Feel free to take it.

フィール フリー トゥ テイキット

It's a map of this area.

イッツァ マップ ォヴ ディス エァリア

Is there a particular sightseeing spot
you'd like to go to?

**イズ デァ ァ パティキュラー サイトスィーイング スポット
ユード ライク トゥ ゴゥ トゥ ↗**

Let me check.

レットミー チェック

391

ここからバスに乗ります。

392

次の駅が最寄り駅です。

393

バスは本数が少ないです。

394

タクシーで行ったほうが早いです。

395

すぐそこです。

Take a bus here.

テイクァ バス ヒァ

The next station is the nearest station.

ダ ネクスト ステイション ィズ ダ ニアレスト ステイション

There aren't many buses.

デァ アーント メニィ バスィズ

It's faster by taxi.

イッツ ファースター バイ タクスィ

It's very close.

イッツ ヴェリー クロゥス

396

ここからだと少し遠いです。

397

歩いて行くには遠すぎます。

398

観光周遊バスをご利用ください。

399

4時に閉まってしまいます。

400

本日は休館になります。

It's a little far from here.

イッツ ァ リトル ファー フロム ヒァ

It's too far to walk.

イッツ トゥー ファー トゥ ウォーク

You can take the sightseeing bus.

ユー キャン テイク ダ サイトスィーイング バス

It closes at four o'clock.

イト クローズィズ アト フォア ォクロック

It's closed today.

イッツ クローズド トゥディ

401

まっすぐ行ってください。

402

角を曲がってください。

403

右に曲がります。

○ 524
左に曲がります。

404

歩道橋を渡ります。

405

2つ目の信号を渡ってください。

Go straight.

ゴゥ ストゥレイト

Turn at the corner.

ターンナト ダ コォナァ

Turn right [left].

ターン ライト [レフト]

Cross the pedestrian overpass.

クロス ダ ペデスチュリアン オゥヴァーパス

Cross at the second light.

クロス アト ダ セカンド ライト

406

近くまでご案内します。

407

地図をお描きします。

408

おすすめの観光スポットに丸を付けておきます。

409

レンタサイクルがご利用になれます。

410

申込書にご記入願います。

I'll show you the way.

アィル ショゥユー ダ ウェイ

I'll draw a map.

アィル ドゥローァ マップ

I'll circle the sightseeing spots I recommend.

アィル サークル ダ サイトスィーイング スポッツ アイ レコメンド

You can rent a bicycle.

ユー キャン レントァ バイスィコゥ

Could you fill out the application form?

クデュゥ フィルアウト ディ アプリケイション フォーム↗

411

その時間の上映は満席です。

412

席はどちらになさいますか。

413

こちらの席が見やすいです。

414

学生証のご提示をお願いします。

415

毛布はご入り用ですか。

That show is full.

ダット ショウ イズ フル

Where would you like to sit?

ウェア ウデュゥ ライク トゥ スィット

It's easier to see the screen from these seats.

イッツ イーズィァー トゥ スィー ダ スクリーン フロム ディーズ スィーツ

Could you show me your student ID?

クデュゥ ショゥミー ヨァ ステューデント アイディ ↗

Would you like a blanket?

ウデュゥ ライク ァ ブランケット ↗

416　劇場内は開演10分前になりましたら入れます。

417　チケットを拝見します。

418　再入場の際はこの半券が必要となります。

419　音声ガイドをご利用になれます。

420　貸出に別途料金がかかります。

Doors open 10 minutes before.

ドアーズ オゥプン テンミニッツ ビフォァ

May I see your ticket?

メイアイ スィー ヨァ ティケット↗

You will need to show this stub when you reenter.

ユー ウィル ニード トゥ ショウ ディス スタブ ウェンユー リエンター

You can use an audio guide.

ユー キャン ユーズァン オーディオゥ ガイド

There's a rental fee.

デァーズ ァ レントゥル フィー

421
この席ですと花道が近いです。

422
桟敷席（さじき）では靴を脱いでください。

423
おすすめの演目はこちらです。

424
昼の部，夜の部どちらになさいますか。

425
幕間（休憩時間）にお座席でお食事をとることができます。

This seat is close to the Hanamichi.

ディス スィート イズ クロゥス トゥ ダ ハナミチ

Please take off your shoes at the box seat.

プリーズ テイクオフ ヨァ シューズ アト ダ ボックス スィート

I recommend this program.

アイ レコメンド ディス プロゥグラム

Would you like a matinée or evening show?

ウデュゥ ライク ァ マティネイ ↗ オァ イーヴニング ショウ

You can have a meal at your seat during the intermissions.

ユー キャン ハヴ ァ ミール アト ヨァ スィート デュアリング ディ インターミッションズ

426

軽食や飲み物はロビーで販売しております。

427

座席表をご覧ください。

428

マス席は4名様用です。

429

タマリ席ではご飲食できません。

430

椅子席はお値段がお手頃です。

There are light meals and drinks on sale in the lobby.

デアアー ライト ミールズ エンド ドゥリンクス オン セイル
イン ダ ロビー

Please have a look at the seating chart.

プリーズ ハヴ ァ ルックアット ダ スィーティング チャート

Box seats are for up to four people.

ボックス スィーツ アー フォー アプトゥ フォー ピーポゥ

You cannot eat in the ringside seats.

ユー キャナット イートィン ダ リングサイド スィーツ

The prices for the chair seats are reasonable.

ダ プライスィズ フォ ディ チェア スィーツ アー リーズナボゥ

173

431

展示品にお手を触れないようお願いします。

432

写真撮影はご遠慮ください。

433

動画の撮影はご遠慮願います。

434

フラッシュは禁止です。

435

館内でのご飲食はご遠慮ください。

Please do not touch the exhibits.

プリーズ ドゥノット タッチ ディ イグズィビッツ

You are not allowed to take photos.

ユーアー ナッタアラゥド トゥ テイク フォトズ

Please do not take videos.

プリーズ ドゥノット テイク ヴィディオス

Please do not use a flash.

プリーズ ドゥノット ユーズ ァ フラッシュ

Please refrain from eating inside the building.

プリーズ リフレィン フロム イーティング インサイド ダ ビルディング

436

館内ではお静かに願います。

437

再入場はできません。

438

順路はこちらからです。

439

時間になりましたら受付までお越しください。

440

お名前のご記入をお願いします。

Please be quiet inside the building.

プリーズ ビー クワイエット インサイド ダ ビルディング

I'm afraid that you cannot reenter the venue.

アイムアフレイド ディユー キャナット リエンター ダ ヴェニュー

The route starts here.

ダ ルゥト スターツ ヒァ

Please come to the reception desk when it's time.

プリーズ カム トゥ ダ レセプション デスク ウェンニッツ タイム

Please fill in your name.

プリーズ フィルイン ヨァ ネイム

441

チケットはどの種類になさいますか。

442

入園のみのチケットになりますがよろしいですか。

443

乗り物に乗るには別途チケットが必要です。

444

お得なワンデーパスがございます。

445

ご乗車の際にワンデーパスをご提示ください。

遊園地

What ticket would you like?

ワット ティケット ウデュゥ ライク

This ticket only allows entry.
Is that all right?

ディス ティケット オゥンリー アラゥズ エントゥリー
イズ ダット オールライト↗

The tickets for the rides are sold separately.

ダ ティケッツ フォァ ダ ライズ ァー ソゥルド セッパレットリィ

It's cheaper to get a one-day pass.

イッツ チーパー トゥ ゲッタ ワンデイ パス

Please show your one-day pass before getting on the rides.

プリーズ ショゥ ヨァ ワンデイ パス ビフォァ ゲティング ォン ダ
ライズ

446

ただいま 1 時間待ちとなります。

447

こちらのアトラクションは現在調整中です。

448

110センチ未満のお子様はご乗車いただけません。

449

保護者同伴であればご乗車いただけます。

450

3番乗り場でお待ちください。

There's a one-hour wait.

デアーズ ァ ワンナアワー ウェイト

This attraction is currently under maintenance.

ディス アトゥラクション ィズ カレントリー アンダー メインテナンス

Children under 110 cm cannot go on this ride.

チルドレン アンダー ワンハンドレッドテン センティミーターズ キャナット ゴゥ オン ディス ライド

They can go on the ride if accompanied by a guardian.

デイ キャン ゴゥ オン ダ ライド イフ ァカンパニード バイ ァ ガーディエン

Please wait at number 3.

プリーズ ウェイト アト ナンバー トゥリー

451

荷物はロッカーに預けてください。

452

帽子，眼鏡，スカーフははずしてください。

453

(乗車中) 水がかかる場合がございます。

454

貴重品は足元に置いてください。

455

シートベルトを締めてお待ちください。

091

Please put your bags in the lockers.

プリーズ プット ヨァ バッグス イン ダ ロッカース

Please take off your caps, glasses and scarfs.

プリーズ テイクオフ ヨァ キャップス ↗グラスィズ ↗エンド スカーヴス

You might get splashed during the ride.

ユー マイト ゲット スプラッシュト デュアリング ダ ライド

Please place your valuables at your feet.

プリーズ プレイス ヨァ ヴァリュァボゥズ アト ヨァ フィート

Please fasten your seatbelt.

プリーズ ファスン ヨァ スィートベルト

456

シートベルトを確認いたします。

457

安全バーが下がるので手を上げてお待ちください。

458

お降りの際は足元にお気を付けください。

459

手伝いましょうか。

460

混雑により入場制限をしております。

I'm checking your seatbelt.

アイム チェッキング ヨァ スィートベルト

Please raise your arms as the safety
bar comes down.

プリーズ レイズ ヨァ アームス アズ ダ セイフティバー カムス
ダウン

Please watch your step as you get off
the ride.

プリーズ ウォッチ ヨァ ステップ アズ ユー ゲットオフ ダ ライド

Do you need a hand?

ドゥユー ニード ァ ハンド↗

We are restricting admission because
it's crowded.

ウィ アー レストリクティング アドゥミッション ビコズィッツ
クラウディッド

185

461

はい，[　　]でございます。

462

このまま（電話を）切らずにお待ちください。

463

お待たせいたしました，[　　]です。

464

担当者に代わります。

465

どういったご用件でしょうか。

Hello, this is [   ] speaking.

ハロゥ　ディスィズ [　　] スピーキング

Could you hold for a moment?

クデュゥ　ホールド　フォー　ァ　モゥメント ↗

Thank you for waiting. This is [   ].

センキュー　フォー　ウェイティング　　ディスィズ [　　]

I'll put you through to the person in charge.

アィル　プット　ユー　スルー　トゥ　ダ　パースン　ィン　チャージ

May I ask what your call is regarding?

メイアイ　アスク　ワット　ヨァ　コール　ィズ　リガーディング ↗

466

お名前をお教えいただけますか。

467

（彼は）ただいま席を外しております。

468

（彼は）休みをとっております。

469

（彼は）本日は帰宅いたしました。

470

（彼は）ただいまほかの電話に出ております。

094

May I have your name, please?

メイアイ ハヴ ヨァ ネイム プリーズ⤴

He's not at his desk at the moment.

ヒーズ ノッタト ヒズ デスク アト ダ モゥメント

He's off today.

ヒーズ オフ トゥデイ

He's left the office for the day.

ヒーズ レフト ディ オーフィス フォ ダ デイ

He's on another line now.

ヒーズ オン ァナダー ライン ナウ

471

よろしければご伝言を承ります。

472

折り返しお電話差し上げます。

473

念のためお電話番号をお教えください。

474

間違っておかけのようです。

475

お電話ありがとうございました。

Would you like to leave a message?

ウデュゥ ライク トゥ リーヴァ メッセッジ⤴

I will call you back later.

アイ ウィル コール ユー バック レイター

Just in case, please tell me your phone number.

ジャスト イン ケイス プリーズ テルミー ヨァ フォーン ナンバー

I think you have the wrong number.

アイ スィンクユー ハヴ ダ ゥロング ナンバー

Thank you for calling.

センキュー フォ コーリング

476

大丈夫ですか。

477

どこか痛いですか。

478

横になってください。

479

救急車を呼びました。

480

安静にしてください。

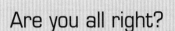
Are you all right?

アー ユー オールライト↗

Are you in any pain?

アー ユー ィン エニィ ペイン↗

Please lie down.

プリーズ ライ ダウン

I've called an ambulance.

アイヴ コールド ァン アンビュランス

You need to stay in bed.

ユー ニードトゥ ステイ ィン ベッド

481

どうぞお大事になさってください。

482

何を失くされましたか。

483

鞄は何色ですか。

484

お探しのものはこちらですか。

485

見つけましたらすぐにご連絡します。

Please take care of yourself.

プリーズ テイクケア オヴ ヨァセルフ

What did you lose?

ワット ディデュゥ ルース

What color is the bag?

ワット カラー イズ ダ バッグ

Is this what you're looking for?

イズ ディス ワット ユーァ ルッキング フォー ↗

We will call you as soon as we find it.

ウィ ウィル コールユー アズ スン ナズ ウィ ファインドイット

486

どうかされましたか。

487

ご連絡先をお教えください。

488

こちらには届いておりません。

489

盗まれた物は何ですか。

490

すぐに警察をお呼びします。

What's the matter?

ワッツ ダ マァター

May I have your phone number, please?

メイアイ ハヴ ヨァ フォーン ナンバー プリーズ↗

We don't have it here.

ウィ ドント ハヴィット ヒア

What was stolen?

ホワット ワズ ストールン

I will call the police immediately.

アイ ウィル コール ダ ポリース ィミーディエトリー

491

ここは立入禁止です。

492

危険ですので離れてください。

493

失礼ですがカバンの中身を拝見します。

494

ほかのお客様のご迷惑になりますのでご遠慮ください。

495

自撮り棒はご使用にならないでください。

(🔊) **099**

You're not allowed to enter this area.

ユーァ ナット アラゥド トゥ エンター ディス エァリア

It's dangerous, so please stay away.

イッツ デインジャラス　ソゥ プリーズ ステイ ァウェイ

Excuse me, may I check inside your bag?

エクスキューズ ミー　メイアイ チェック ィンサイド ヨァ バッグ ╱

Please refrain from doing that.
It bothers other customers.

プリーズ レッフレィン フロム ドゥーイング ダット
イト バァダーズ アダー カスタマーズ

Please do not use selfie sticks.

プリーズ ドゥノット ユーズ セルフィー スティックス

496

お会計はお済みですか。

497

商品は会計後にお召し上がりください。

498

割り込みはしないでください。

499

危険ですので登らないでください。

500

お静かに願います。

Have you already paid?

ハヴ ユー オールレディ ペイド↗

Please don't eat the food until you've paid for it.

プリーズ ドント イート ダ フード アンティル ユーヴ ペイド フォーイット

Please don't cut in line.

プリーズ ドント カトィン ライン

Please don't climb, it's dangerous.

プリーズ ドント クライム イッツ デインジャラス

Could you please keep it down?

クデュゥ プリーズ キーピット ダウン↗

食べ物

ご飯	rice ライス
パン	bread ブレッド
麺	noodles ヌードルズ
トマト	tomato トゥメイトォ
レタス	lettuce レタス
ハム	ham ハム
卵	egg エッグ
魚	fish フィッシュ
マグロ	tuna トゥーナ
サーモン	salmon サーモン
イクラ	salmon roe サーモン ロゥ
ウニ	(sea) urchin (スィー) アーチン
エビ	shrimp シュリンプ
カニ	crab クラーブ
肉	meat ミート
牛肉	beef ビーフ
豚肉	pork ポーク
鶏肉	chicken チキン
ステーキ	steak ステイク

飲み物

お酒	alcohol アルコホール
ビール	beer ビアー
ワイン	wine ワイン
日本酒	(Japanese) Sake (ジャパニーズ) サケ
ウイスキー	whiskey ウィスキィ
コーラ	coke コゥク
オレンジジュース	orange juice オーリンジ ジュース
炭酸水	carbonated water カーボネイティド ウァーター
水	water ウァーター
牛乳	milk ミルク
日本茶	Japanese tea ジャパニーズ ティ
紅茶	tea ティ

味

503

甘い	sweet スウィート
苦い	bitter ビター
辛い	hot/spicy ハット / スパイスィ
しょっぱい	salty ソルティ
すっぱい	sour/tart サウァー / タート

色

504

黒	black ブラック
白	white ホワイト
赤	red レッド
青	blue ブルー
水色	light blue/sky blue ライト ブルー / スカイ ブルー
黄色	yellow イェロゥ
緑	green グリーン
紫	purple パーポゥ
茶色	brown ブラウン

ピンク	pink ピンク
ベージュ	beige ベイジュ
ゴールド	gold/golden ゴールド / ゴールデン
シルバー	silver スィルヴァー

模様

505

ストライプ	striped ストゥライプト
水玉	polka dots ポゥカ ドッツ
チェック	checked/plaid チェックト / プラッド
プリント柄	printed pattern プリンティッド パータン
アニマル柄	animal print アネモゥ プリント

コスメ

506

マスカラ	mascara マスカーラ
口紅	lipstick リップスティック
ファンデーション	foundation ファウンデイション
チーク	blush ブラッシュ
アイシャドウ	eyeshadow アイシャドゥ

アイブロウペンシル	eyebrow pencil アイブラゥ ペンスル
アイライナー	eyeliner アイライナー
ビューラー	eyelash curler アイラッシュ カーラー

アクセサリー

507

ピアス	earring イアリング
イヤリング	clip-on earring クリップオン イアリング
ネックレス	necklace ネックレス
指輪	ring リング
ブローチ	brooch ブロゥチ
ブレスレット	bracelet ブレィスレット
ベルト	belt ベルト
ヘアアクセサリー	hair accessory ヘア アクセサリィ

館内施設

508

フロント	reception レセプション
非常口	emergency exit エマージェンスィ エクスィット
非常階段	emergency staircase エマージェンスィ ステアケイス

エレベーター	elevator エレヴェイター
トイレ	toilet/restroom/ bathroom トイレット／レストルーム／ バスルーム
喫煙コーナー	smoking area スモーキング エアリア
金庫	safe セイフ
売店	stand/stall/kiosk ステァンド／ストール／キオスク
温泉	hot spring ホット スプリング
大浴場	large public bath ラージ パブリック バース
露天風呂	open-air bath オープンエア バース
カラオケルーム	karaoke room キャリオキ ルーム
宴会場	banquet hall バンクェット ホール

生活用品

509

シャンプー	shampoo シャンプー
リンス	conditioner カンディショナー
ボディーソープ	body soap ボディ ソゥプ
トイレットペーパー	toilet paper トイレット ペイパー
ティッシュペーパー	tissue ティシュー

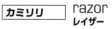

カミソリ	razor レイザー
生理用品	sanitary items サネテアリィ アイタムズ

薬

510

風邪薬	cold medicine コールド メディスン
頭痛薬	headache medicine ヘデイク メディスン
胃腸薬	stomach medicine スタマク メディスン
整腸剤	probiotics プロウバイアティクス
下痢止め	medicine for diarrhea メディスン フォア ダイアリーア
酔い止め	medicine for motion sickness メディスン フォア モゥション スィックネス
痛み止め	painkiller ペインキラー
冷[温]湿布	cold [hot] compress コールド[ホット] コンプレス
絆創膏	band-aid バンド エイド
日焼け止め	sunblock/sunscreen サンブロック/ サンスクリーン
虫除けスプレー	insect repellent インセクト リペラント
マスク	surgical mask サージクル マスク
手指消毒液	hand sanitizer ヘアンド サネタイザー

 102

単語

511

季節と行事

春	spring スプリング
夏	summer サマー
秋	fall フォール
冬	winter ウィンター
お花見	cherry-blossom viewing party チェリーブロッサム ヴューイング パーティ
花火	fireworks ファイアーワークス
ハロウィン	Halloween ハロウィーン
クリスマス	Christmas クリスマス

512

単位

グラム	gram グラム
キログラム	kilogram キログラム
センチメートル	centimeter (centimetre) センティミーター
メートル	meter (metre) ミーター
キロメートル	kilometer (kilometre) カラァミーター
リットル	liter (litre) リーター

数の表現

1	one ワン	11	eleven エレヴン	30	thirty サーティ
2	two トゥー	12	twelve トゥエルヴ	40	forty フォアティ
3	three トゥリー	13	thirteen サーティーン	50	fifty フィフティ
4	four フォア	14	fourteen フォアティーン	60	sixty スィクスティ
5	five ファイヴ	15	fifteen フィフティーン	70	seventy セヴンティ
6	six シックス	16	sixteen スィクスティーン	80	eighty エイティ
7	seven セヴン	17	seventeen セヴンティーン	90	ninety ナインティ
8	eight エイト	18	eighteen エイティーン	100	hundred ハンドレッド
9	nine ナイン	19	nineteen ナインティーン	1,000	thousand タウズンド
10	ten テン	20	twenty トゥエンティ	10,000	ten thousand テンタウズンド

値段の言い方

▶2,654 円と言いたい場合

2	千	6	百	50	4	円
two トゥー	thousand タウズンド	six シックス	hundred ハンドレッド	fifty フィフティ	four フォア	yen イェン

※ 100, 1,000, 10,000 と言う場合は、「1」を省略せずに

100 = one hundred　ワンハンドレッド

1,000 = one thousand　ワンタウズンド

10,000 = ten thousand　テンタウズンド　と言う。

515

電話番号の言い方

▶7890-65-1234 と言いたい場合

7	8	9	0	-	6	5	-	1	2	3	4
seven セブン	eight エイッ	nine ナイン	zero ズィーロゥ		six シックス	five ファイヴ		one ワン	two トゥー	three トゥリー	four フォア

516

時間の言い方

～時	[数字] o'clock [数字] オクロック		8時	eight o'clock エイトオクロック
1時	one o'clock ワンオクロック		9時	nine o'clock ナインオクロック
2時	two o'clock トゥーオクロック		10時	ten o'clock テンオクロック
3時	three o'clock スリーオクロック		11時	eleven o'clock エレヴンオクロック
4時	four o'clock フォーオクロック		AM 12時	midnight ミッドナイト
5時	five o'clock ファイヴオクロック		PM 12時	noon/midday ヌーン／ミッドデイ
6時	six o'clock シックスオクロック		午前に	in the morning イン ナ モーニング
7時	seven o'clock セヴンオクロック		午後に	in the afternoon イン ニ アフタヌーン

517

▶2時5分／10分と言いたい場合

2時5分	2時10分
two oh five トゥー オゥ ファイヴ	two ten トゥー テン

月日の言い方

1月	January ジェニュアリィ
2月	February フェブュアリィ
3月	March マーチ
4月	April エイプラゥ
5月	May メイ
6月	June ジューン
7月	July ジュライ
8月	August オーガスト

9月	September セプテンバー
10月	October オクトウバー
11月	November ノゥヴェンバー
12月	December ディッセンバー
～日	[数字] + th ス※

以下は例外
- 1日 = 1st (first) ファースト
(21日 = 21st, 31日 = 31st)
- 2日 = 2nd (second) セカンド
(22日 = 22nd)
- 3日 = 3rd (third) サード
(23日 = 23rd)

※ 5日 = 5th (fifth), 8日 = 8th (eighth),
9日 = 9th (ninth) は読み方とつづりに注意！

519 曜日の言い方

月曜日	Monday マンデイ
火曜日	Tuesday テューズデイ
水曜日	Wednesday ウェンズデイ
木曜日	Thursday サーズデイ

金曜日	Friday フライデイ
土曜日	Saturday サタデイ
日曜日	Sunday サンデイ

索 引

か

215

●執筆協力●

David A. Thayne（デイビッド・セイン）

　アメリカ出身。二十数年前に来日し，翻訳，通訳，英会話学校経営など，多岐にわたって活躍。英語関連の出版物の企画・編集・制作を手がける（株）AtoZ English，AtoZ English 英語学校代表。豊富な英語教授経験を生かし，数多くの英語関係の書籍を執筆。ベストセラーも多数。著書に『暮らしと仕事の英語表現 8000』，『英語でメール・カードを書いてみよう』『メールとレターの英語表現 5500』（以上語研），『英語でガイド！外国人がいちばん不思議に思う日本のくらし』（J リサーチ出版），『解くだけで身につく おもてなし英会話検定』（祥伝社）など。
　ホームページ：https://www.smartenglish.co.jp

【執筆協力】小松アテナ（AtoZ English）
【英文校正】Sean McGee，Shelley Hastings，Esther Thirimu（AtoZ English）

© Goken Co.,Ltd., 2021, Printed in Japan

カタカナで読める！
接客英語

2021 年 4 月 30 日　初版第 1 刷発行

編　者　語研編集部
制　作　ツディブックス株式会社
発行者　田中　稔
発行所　株式会社 語研
　　　　〒 101-0064
　　　　東京都千代田区神田猿楽町 2-7-17
　　　　電　　話 03-3291-3986
　　　　ファクス 03-3291-6749
組　版　ツディブックス株式会社
印刷・製本　シナノ書籍印刷株式会社

ISBN978-4-87615-356-5 C0082
書名　カタカナデヨメル　セッキャクエイゴ
編者　ゴケンヘンシュウブ

株式会社語研
語研ホームページ https://www.goken-net.co.jp/

本書の感想は
スマホから↓